Maximilian Perty

Über die Grenzen der sichtbaren Schöpfung nach der jetzigen Leistungen der Mikroskope und Fernröhre

Maximilian Perty

Über die Grenzen der sichtbaren Schöpfung nach der jetzigen Leistungen der Mikroskope und Fernröhre

ISBN/EAN: 9783743447066

Hergestellt in Europa, USA, Kanada, Australien, Japan

Cover: Foto ©Lupo / pixelio.de

Weitere Bücher finden Sie auf **www.hansebooks.com**

Ueber

Grenzen der sichtbaren Schöpfung,

nach

den jetzigen Leistungen der Mikroskope und Fernröhre.

Vortrag gehalten im Saale des großen Rathes zu Bern
den 11. März 1873

von

Maximilian Perty,
Professor in Bern.

Berlin, 1874.
E. S. Lüderitz'sche Verlagsbuchhandlung.
Carl Habel.

Das Recht der Uebersetzung in fremde Sprachen wird vorbehalten.

Von Anbeginn war der Mensch bestrebt die Sphäre seines Wollens und seines Thuns zu erweitern und schon im Urzustande sann er auf Werkzeuge zu diesem Zweck, — die Außenwelt zu bewältigen und für seine Bedürfnisse zu nützen, war Gebot der Selbsterhaltung, die Keule, der geschärfte Knochen und Stein waren die ersten Waffen und Geräthe. Von den rohesten Anfängen aus hat sich die Industrie entwickelt und als die sinnlichen Bedürfnisse auch nur nothdürftig befriedigt waren, regte sich bereits schon der Kunst- und Erkenntnißtrieb. Das Mikroskop und das Fernrohr sind wesentlich für die Erkenntniß bestimmt und dieser Vortrag soll in Kürze zur Anschauung bringen, wie weit bis jetzt diese bewundernswerthen Werkzeuge unsere Einsicht in die Welt des Kleinsten und des Größten zu fördern im Stande waren.

Das Mikroskop ist älter als das Fernrohr, schwache Vergrößerungsgläser gebrauchten schon die alten Steinschneider, vielleicht auch die Verfertiger der Keilschriften, man hat in Ninive eine vergrößernde Glaslinse gefunden. Auf diese Wirkung von Glaslinsen mit convexen Flächen ist man durch sehr gewölbte Brillen aufmerksam geworden und sie dienten anfänglich nur zur Befriedigung der Neugierde, indem man kleine Insekten und dergleichen durch sie betrachtete. Man verfertigte immer kleinere

Linsen bis zu mehrhundertmaliger Vergrößerung, brachte dieselben auf Stative mit Erleuchtungsspiegeln und hatte nun das einfache Mikroskop, welches sehr verbessert auch jetzt noch in Gebrauch ist. Ernstere Geister wie Grew, Malpighi, Leeuwenhoek, Swammerdam wandten das einfache Mikroskop alsobald zur wissenschaftlichen Forschung an und machten staunenswerthe Entdeckungen damit, welche zur Grundlage unserer heutigen Erkenntniß des feineren Baues der Thier- und Pflanzenkörper wurden. Der Gebrauch des einfachen Mikroskops ist übrigens unbequem durch sein kleines Sehfeld, die kurze Brennweite schon bei mäßigen Vergrößerungen, die unbequeme Stellung des Beobachters. Man suchte daher das zusammengesetzte Mikroskop, welches wahrscheinlich gleichzeitig mit dem Fernrohre gegen Beginn des 17. Jahrhunderts von Zacharias Jansen erfunden worden war, aber wegen seiner Unvollkommenheit wenig Beifall gefunden hatte, zu verbessern, es blieb jedoch bis in das zweite Dezennium des 19. Jahrhunderts ziemlich mangelhaft, wo man endlich anfing an die Achromatisirung der Objektive zu gehen, was beim Fernrohr schon im 18. Jahrhundert geschehen war. Die Achromatisirung der Mikroskoplinsen war, so einfach das Princip ist, wegen ihrer Kleinheit noch schwieriger und es ist trotz unsäglicher Anstrengung bis jetzt so wenig als beim Fernrohrobjektiv gelungen, das sekundäre Spektrum ganz zu beseitigen, so daß noch immer farbige Ränder um die Bilder der Gegenstände bleiben. Ein weiterer Fortschritt bestand darin, mehrere, gewöhnlich drei Linsenpaare zu einem System zu verbinden, wodurch die sphärische Abweichung fast vollständig gehoben wird, indem die vergrößernde Wirkung vertheilt ist; und zugleich die Helligkeit gesteigert wird, indem diese Linsen eine weitere Oeffnung haben, als eine einzige äquivalente Linse haben würde, somit größere Lichtbündel durchlassen. Bringt man auf das Deckgläschen des Gegenstandes ein das Licht stärker als die Luft brechendes Medium, z. B. Wasser, und läßt die unterste Linse in dasselbe tauchen, so erlangt man bedeutende Vortheile. Es wird nämlich durch diese Wasserschicht die Reflexion des Lichtes von der Oberseite des Deckgläschens und der unteren des Objektives verhindert, die chromatische und sphärische Aberration noch mehr vermindert, der Oeffnungswinkel erweitert, die Vergrößerung vermehrt. Man gibt daher jetzt den stärksten Objektiven fast immer die Einrichtung, daß sie mit jener Wasserschicht, die in der That ein viertes optisches Element darstellt, ein Ganzes ihrer Wirkung nach bilden und nennt solche Objektive Immersionssysteme, Tauchsysteme, Wasserlinsen. Ich trete nicht ein auf die verschiedenen Vorrichtungen für Beleuchtung, Lichtverstärkung, Messung und Zeichnung der Gegenstände, Beobachtung im farbigen und polarisirten Licht; in neuester Zeit haben Merz in München und Seibert und Krafft, Gundlachs Nachfolger in Wetzlar auch Spektralapparate für das Mikroskop construirt.[1])

Ein mittleres menschliches Auge unterscheidet nach Pohl in 250 Millimeter, etwas über 9 Zoll Entfernung noch Zwischenräume von $\frac{1}{70}'''$, besonders scharfe Augen sogar nach solche von $\frac{1}{80}-\frac{1}{36}'''$, also Zwischenräume von der Breite eines feinen Menschenhaares. Die Mikroskope standen früher relativ dem menschlichen Auge sehr nach, d. h. sie zeigten bei gegebenen Vergrößerungen lange nicht das, was sie zeigen sollten, wenn sie die Güte des normalen menschlichen Auges hätten. Bis gegen die dreißiger Jahre ließen sie bei Vergrößerungen von 100—300=mal im Durchmesser wegen geringer Schärfe und Bestimmtheit der Bilder etwa nur Zwischenräume von $\frac{1}{1000}'''$ Breite erkennen. In den letzten Dezennien hat sich die Präcision durch die Anstrengungen der Optiker ungemein gesteigert; ein Objektiv von

$\frac{1}{4}$ Zoll Brennweite der äquivalenten Linse, welches mir Gundlach vor ein paar Jahren geliefert, zeigt Zwischenräume von nur $\frac{1}{5000}$''' der Nobert'schen Platte ganz scharf, wozu früher viel stärkere Objektive nöthig waren. Noch vor wenig Jahren war es nicht möglich, Striche zu trennen, die näher als $\frac{1}{8000}$ bis $\frac{1}{8500}$''' von einander abstanden, die Objektive der letzten 2 — 3 Jahre lassen Zwischenräume von $\frac{1}{10000}$''' und darunter erkennen; bei der Diatomacee Amphipleura pellucida rechnet Sollitt 11200 Striche auf eine englische Linie. Und zwar leisten dieses sowohl die stärksten Objektive, welche in England verfertigt werden, namentlich die von Powel und Lealand, als jene des Continents. Ich meine sogar, die optische Kraft dieser Objektive sei noch etwas größer, als gewöhnlich angenommen wird, indem wir ja die Striche sehen, die meist noch schmäler sind als die Zwischenräume. Kann ein mittleres Auge noch Gegenstände von $\frac{1}{10}$''' in 250 Millimeter Entfernung deutlich unterscheiden, und vermögen die gegenwärtigen Mikroskope $\frac{1}{10000}$''' sichtbar zu machen, so würde ihre optische Kraft die des unbewaffneten Auges 500 mal übertreffen, so wie dieselben, welche an Kraft sonst sehr hinter den Fernröhren zurück standen, relativ den Standpunkt dieser letzteren ziemlich erreicht haben.

Zur Prüfung der Mikroskope hat man künstliche und natürliche Mittel. Die ältern Nobert'schen Platten hatten 15 Gruppen und die Zwischenräume der Striche in der 15ten Gruppe sind $\frac{1}{5000}$''' breit; dann verfertigte Nobert solche, wo die Zwischenräume der letzten Gruppe (der dreißigsten oder neunzehnten) nur $\frac{1}{8000}$ und $\frac{1}{10000}$'' maßen. Ungemein feine Glasmikrometer und Schriften macht der Engländer Peters, welche also treffliche Probegegenstände, test objects sind; sehr exakt, obschon etwas schwer sichtbar sind die Mikrometer Hartnack's, wo $\frac{1}{4}$ Millimeter in 100 Theile getheilt ist. Natürliche Prüfungs=

gegenstände sind z. B. die Schuppen mancher Schmetterlinge, namentlich für schwächere Systeme, und besonders die Kieselschaalen der Diatomaceen mit ihren feinen Linien und Feldchen. Es gehen Striche auf eine Linie

bei Hipparchia Janira 2500
„ Pleurosigma angulatum 4500 (kleinere Ex.)
„ Nitzschia sigmoidea 6500
„ Amphipleura pellucida 11200 (ebenso bei Eunotia Arcus).

Möller in Wedel hat auf seiner Probeplatte 20 Diatomaceen mit immer feinerer Skulptur in eine Reihe gestellt; ein mir vor drei Jahren geliefertes Immersionssystem VIII von Gundlach zeigt noch die Streifen von Nr. 17, Cymatopleura elliptica deutlich, Spuren derselben bei 18 und 19, aber nichts mehr bei 20, Amphipleura pellucida. Diese natürlichen Mikrometer sind schöner und reiner als die menschlichen Produktionen, welche durch die feinsten Theilmaschinen mit der größten Mühe doch nur unvollkommen herauskommen. — Die Carmintheilchen, aus wässriger Lösung auf dem Objektivmikrometer angetrocknet, haben eine mittlere Größe von kaum $\frac{1}{1000}$ Millimeter, die kleinsten Theilchen des gewöhnlichen Detritus der Wohnungen, des Zimmerstaubes sind nicht mehr deutlich sichtbar, denn neben solchen von $\frac{1}{3000}$ Millimeter Größe und darunter erhält man noch Eindrücke von viel kleineren, nur momentan zur Wahrnehmung kommenden. Unter 500 — 800 maliger Linearvergrößerung erkennt man die feinen Elemente des Nervensystems nicht deutlich, die allerfeinsten liegen vielleicht schon über den Grenzen der Sichtbarkeit. Die Nervenfibrillen der Spiralzüge im Corti'schen Organ gehören nach Waldeyer zu den zartesten histologischen Gebilden, die Außenglieder der Stäbchen in der Sehhaut des Auges zeigen bei 1000 m. Vergr. und sehr schiefer Beleuchtung Streifen so fein wie Nitzschia sigmoidea, dadurch entstehend, daß sie aus kleinen auf einander liegenden Plättchen gebildet sind, deren Dicke Max Schultze auf $\frac{1}{3333}$ bis $\frac{1}{2500}$ mm. schätzt.⁸) u. ³)

Die kleinsten lebenden Wesen sind die Vibrioniden mit den Bakterien und Mikrokokken. Die Vibrioniden sind kuglig oder eiförmig, stäbchen- oder schraubenförmig, wurden früher als Thiere betrachtet, jetzt von Vielen zum Pflanzenreiche gestellt, — aber auf diesen tiefsten Lebensstufen sind die populären Begriffe von Thier und Pflanze nicht mehr passend. Diese kleinsten, fast allgegenwärtigen Wesen sind in unsaßbar großer Zahl vorhanden, am häufigsten bei der Fäulniß. Manche erzeugen Farbstoffe, andere Krankheiten: Diphteritis, Pocken, Scharlach, Hospitalbrand, Rinderpest, Milzbrand, Pustula maligna, vielleicht auch Cholera. Die in der freien Natur vorkommenden habe ich früher eifrig untersucht und in meinem Werke: „Zur Kenntniß kleinster Lebensformen" Bern 1852 beschrieben und T. 15 abgebildet. Der eigenthümliche chemische Proceß der Fäulniß wird durch die Bakterien erzeugt, tödtet man sie, so treten Fäulniß und Verwesung nicht ein; indem die Bakterien durch die Fäulniß todte Körper zerstören, führen sie deren Substanz in den großen Lebensstrom zu neuen Umwandlungen zurück. Sie entstehen aus unsichtbaren Keimen und erzeugen auch wieder solche, vermehren sich durch Quertheilung so rasch, daß in 24 Stunden aus einem einzigen B. Millionen werden können. B. Termo ist $\frac{1}{500}$ mm. lang, $\frac{1}{1000}$ mm. dick, nach Cohn haben in einem Kubikmillimeter 633 Millionen Platz und etwa 636 Milliarden wiegen ein Gramm. Viel kleiner ist noch Mikrokokkus, vielleicht nur Anfangsstufe von B.; die farblosen Kugelbakterien der gewöhnlichen Infusionen nennt Cohn Micrococus Crepusculum. Um Fäulniß erzeugende B. zu erhalten, braucht man nur eine organische Substanz, einen Eidotter, ein kleines Stückchen Fleisch oder Frucht mit Wasser zu übergießen und das Gläschen vor das Fenster an einen nicht von der Sonne getroffenen Ort zu stellen. Nach ein paar Tagen trübt sich die Flüssigkeit, es erscheinen in ihr zuerst wenige, dann immer mehr B., zuletzt Milliarden; viele, die ihre Bewegung verloren haben, bilden gallertige Massen, schleimige Membranen an der Oberfläche; ein Tröpfchen mit einer Nadelspitze auf den Objektträger gebracht, enthält viele Tausende. [4])

Das Fernrohr und zusammengesetzte Mikroskop wurden in Holland erfunden, aber Italiener und Deutsche haben das erstere zuerst wissenschaftlich gebraucht. Die astronomischen Fernröhre sind entweder Refraktoren, welche das Bild der Gegenstände durch Brechung der von ihnen kommenden Lichtstrahlen in Glaslinsen erzeugen, oder Reflektoren, welche es durch von Spiegeln zurückgeworfene Strahlen hervorbringen; in beiden wird das Bild wie beim Mikroskop durch ein Okular betrachtet. Schon wenige Jahre nach Erfindung des Fernrohrs kam 1616 der Italiener Zucchi auf den Gedanken, das Glasobjektiv durch einen Metallspiegel zu ersetzen und er ist also der Erfinder des Reflektors oder Spiegelteleskopes, welches verschiedene Modificationen erfuhr. Gregory durchbohrte den größern Spiegel in der Mitte für das Okular und ein kleinerer wirft das von dem großen erzeugte Bild gegen das Okular zurück, Newton ließ den großen Spiegel intakt, der das von ihm erzeugte Bild auf einen kleinen schief gestellten ebenen Spiegel projicirt, welcher es dem seitlich angebrachten Okular zuschickt; den kleinen Spiegel ersetzte Newton später durch ein Prisma. Hooke machte den kleinen Spiegel concav und brachte am Gregory'schen Fernrohr eine Schraube zur Verstellung an, Cassegrain ersetzte den

Hohlspiegel durch einen kleinen Converspiegel. Erst in der ersten
Hälfte des 18. Jahrhunderts lernte man correkte parabolische
Spiegel gießen und poliren und von 1730 an lieferte der Engländer Short bereits sehr gute Reflektoren bis 12 Fuß Brennweite und 1200 mal Vergrößerung. Wilhelm Herschel brauchte
zuerst Newton'sche Teleskope, sie an Größe immer steigernd bis
20 Fuß Brennweite und 2 Fuß Spiegeldurchmesser, und mit
einem solchen sind die meisten seiner großen Entdeckungen gemacht. 1785 führte er mit König Georg's III. Unterstützung
sein größtes Instrument aus von 40 Fuß Brennweite und
4 Fuß Spiegeldurchmesser und ließ dabei den kleinen Spiegel
der Vereinfachung des Strahlenganges wegen ganz weg, dem
großen eine solche Neigung gebend, daß das Bild an den Rand
des Rohres fiel, wo es durch ein Okular betrachtet wurde. Bei
diesen Teleskopen steht der Beobachter haushoch oben neben dem
offenen Ende des Rohres und kehrt den Gegenständen den
Rücken zu. Die Lichtstärke dieser großen Reflektoren war außerordentlich, Sirius erschien darin mit ganz blendendem Glanze
und zahlreiche Sternhaufen lösten sich in ihre einzelnen Sterne
auf. Aber bald nach der Aufstellung des größten Instrumentes,
dessen Vergrößerungen bis 6400 mal gingen, litt der Spiegel in
einer einzigen feuchten Nacht so sehr, daß er unbrauchbar wurde,
und da Herschel ihn nicht wieder aufpolirte, so blieb die Zahl
der Beobachtungen mit diesem Instrument nur gering. Das
größte aller Spiegelteleskope ist das von Lord Rosse zu Parsonstown in den vierziger Jahren unseres Jahrhunderts aufge-
stellte von 53 engl. Fuß Brennweite und 6 Fuß Spiegeldurchmesser. Dieses 600 Centner schwere Instrument, welches etwa
10,000 Pfund Sterling kostete, mehr als doppelt so viel als die
größten Refraktoren, wurde zwischen mächtigen Mauern an starken Ketten aufgehangen, erlaubte aber nur eine Bewegung im

Meridian, keine seitliche. Die mit ihm gemachten Beobachtungen der Nebelflecke sind von hoher Bedeutung, viele für homogen gehaltene Nebel lösten sich in Parthieen von verschiedener Beschaffenheit auf, ihre lichtschwachen Umrisse erweiterten sich, da man nun auch die früher nicht wahrgenommenen schwächer leuchtenden Theile sah, und damit änderten sich auch ihre Formen. Die merkwürdige Spiralstruktur vieler Nebel wurde fast einzig nur durch dieses Instrument erkannt und läßt auf die heftigsten Wirbelbewegungen in denselben schließen. Man gab ihm Okulare bis zu 6000 maliger Vergrößerung, es würde aber wohl eine 9000 malige ertragen. In den letzten Jahren sind die Nachrichten über dieses Riesenfernrohr verstummt, so daß entweder sein Spiegel Schaden genommen hat oder Beobachter fehlen, die es anzuwenden verstehen. Die parabolischen versilberten Glasspiegel Steinheil's und Foucault's erregten in den sechsziger Jahren große Erwartungen, aber Foucault, der 1868 starb, war nebst seinem Mitarbeiter Eichens doch wieder auf die Refraktoren als das praktischere zurückgekommen. Vorzüglich die Engländer halten an den Reflektoren fest, deren optische Kraft allerdings von den Refraktoren nicht erreicht wird, indem es viel leichter ist, große Metallspiegel, als große achromatische Objektive zu machen. Dieses war auch der Grund, warum das vor einigen Jahren nach Melbourne gesandte Instrument wieder ein Spiegelteleskop war.

Die großen Entdeckungen am südlichen Himmel durch den jüngern Herschel 1836 auf dem Vorgebirg der guten Hoffnung mittelst eines Reflektors von 20 Fuß Brennweite, hatten nämlich den Gedanken erweckt, in der Südhalbkugel ein mächtiges Instrument dauernd aufzustellen, um die Beobachtungen am südlichen Himmel fortzusetzen und zu vervollständigen. Die k. Gesellschaft zu London setzte eine Commission aus den berühmtesten Astronomen Englands nieder, welche der Kolonie Victoria einen Reflector nach Caffegrain's Einrichtung von 4 Fuß Spiegeldurchmesser und Anfertigung desselben durch Mr. Grubb in Dublin empfahl. Die beiden Spiegel wurden aus 4 Theilen Kupfer und 1 Theil Zinn gegossen; man hatte gefunden, daß die Spiegel des ältern Herschel zu viel Kupfer enthielten und zu viel rothe Strahlen zurück warfen, daher W. Herschel eine Menge rother Doppelsterne aufführt, die man jetzt nicht mehr roth sieht. Das Rohr ist 28 Fuß lang, die neun Okulare vergrößern von 220= bis 1000mal, das Ganze wiegt fast 165 Centner und folgt durch ein Uhrwerk der Bewegung der Sterne. Aber auch auf diesem Instrument, mit dem 1870 Beobachtungen begonnen wurden, scheint ein Unstern zu ruhen, indem der große Spiegel bei der Verpackung und dem Transport litt und alsobald aufpolirt werden mußte und der erste Beobachter mit seiner Stellung unzufrieden sie bald verließ. Man erfuhr übrigens unter Anwendung des Spektroskopes, daß um und im Trapez des Orionnebelflecks merklicher Nebel vorhanden sei, wo die stärksten Fernröhre ohne Spektroskop keinen zeigen, daß das Spektrum von η Argus nahe bei C, D, F von hellen Linien durchzogen und daß die rothe Linie von η Argus besonders auffallend sei; der schwache Siriusbegleiter wurde deutlich gesehen.[5]

Die Refraktoren konnten den Spiegelteleskopen gegenüber erst rechte Anerkennung finden, als man im 18. Jahrhundert gelernt hatte, die Farbenzerstreuung durch achromatische Objektive zu heben. Newton hatte erwiesen, daß die Unvollkommenheit der dioptrischen Fernröhre vornehmlich durch die Farbenzerstreuung entstehe, schloß aber aus ein paar ungenügenden Versuchen irrig, daß alle Medien die gleiche Farbenzerstreuung hätten und es deßhalb vergeblich wäre, diese durch Verbindung zweier verschiedener Medien heben zu wollen. Der englische Edelmann

Chester More Hall aber, sich stützend auf den Achromatismus
des menschlichen Auges, gelangte 1733 dazu, achromatische Objektive aus einer Crown- und Flintglaslinse zu verfertigen,
welche letztere die Farbenzerstreuung der ersteren corrigirt, was
erst geraume Zeit nachher den Brüdern Dollond bekannt wurde,
deren achromatische Fernröhre wie die von manchen ihrer Nachfolger bis 1812 die gesuchtesten waren. Da trat in München
ein junger Mann auf, Fraunhofer mit Namen, der bald die
Augen der wissenschaftlichen Welt durch eine Reihe mechanischer
Erfindungen nicht nur, sondern physikalischer Entdeckungen von
hoher Bedeutung auf sich zog. Ich lernte ihn 1822 kennen,
wo der geniale und nun hochgestellte Mann jedesmal, wenn ich
ihn besuchte, mir, damals einem jungen Studenten, Merkwürdiges zeigte, unter Anderem wiederholt die von ihm schon 1816
entdeckten schwarzen Linien im Sonnenspektrum, welche für die
Lehre vom Lichte so wichtig geworden sind. Nachdem aus dem
Atelier von Reichenbach, Utzschneider und Fraunhofer eine Menge
kleinerer Instrumente ausgegangen waren, gelang die Herstellung
jenes berühmten größeren Refraktors, mit welchem Wilhelm
Struve in Dorpat seine klassischen Beobachtungen und Messungen der Doppelsterne ausführte. Das Heliometer hatte Fraunhofer 1816 erfunden und Bessel in Königsberg bestimmte
mittelst eines solchen die Parallaxe des Sternes 61 im Schwan.
Dem Dorpater Refraktor folgte eine Reihe anderer, zum Theil
viel größerer, welche letzteren aber sämmtlich erst nach Fraunhofer's Tode 1826 aus den Händen seiner Nachfolger Merz und
Söhne hervorgingen. Pisko in seinem Buche über Licht und
Farbe, München 1869, Seite 232 sagt irrig, Fraunhofer habe
seinen größten Refraktor nach Pulkowa geliefert; das hat eben
Merz gethan, da Fraunhofer viele Jahre zuvor schon gestorben
war. Eine Menge der ersten Sternwarten wurden aus diesem

Atelier mit großen Refraktoren und Heliometern mit gespaltenem Objektiv ausgerüstet, unter welchen die von Pulkowa und Boston wohl den ersten Rang einnehmen. Man kennt zwar noch größere dioptrische Fernröhre als die Münchener, wie z. B. Craig's Refraktor, 1851 zu Wandsworth aufgestellt, mit Objektiv von Slatter von 2 engl. Fuß Durchmesser und 72 Fuß Brennweite, dann Porro's etwas kleineren von 1856, aber sie scheinen untauglich gewesen zu sein und über ihre Leistungen ist nichts bekannt geworden. Die Idee der dialytischen Fernröhre wurde gleichzeitig von Rogers in England und Plößl in Wien erfaßt, aber nur von letzterem ausgeführt. Eine einfache Crownglas-Objektivlinse am Ende des Rohres macht die Strahlen convergiren und sie werden etwa auf halbem Wege zum Brennpunkt durch ein übercompensirtes kleineres Objektiv aus Crown- und Flintglas aufgefaßt und in einen nähern Brennpunkt gesammelt, weshalb das Fernrohr bei gleicher Oeffnung kürzer werden kann. Weil das achromatische Objektiv schon bedeutend convergirende Strahlen empfängt, kann es kleiner sein als die Crownglaslinse am Ende des Rohres, braucht bei einer Oeffnung des letzteren von 37 Linien z. B. nur etwa 20 Linien zu haben. Diese Construktion liefert sehr scharfe Bilder, aber das Sehfeld wird bedeutend kleiner als bei der Fraunhofer's, beträgt kaum $\frac{2}{3}$ letzterer. Es sind, wie ich glaube, keine hervorragenden Beobachtungen mit dialytischen Fernröhren gemacht worden, da sie nur in kleinerem Maßstab ausgeführt wurden; das hiefür geeignetste Instrument von 10 Zoll Oeffnung, welches Plößl nach Konstantinopel geliefert hat, verkümmert dort unbenützt. — Allen großen Fernröhren sind jetzt Mikrometer, Spektroskope, manchmal auch Polarisations-Helioskope und Photometer beigegeben, sie sind parallaktisch aufgestellt und werden durch ein Uhrwerk bewegt. [6])

Man kann fragen, wie sich das Verhältniß der Refraktoren zu den Spiegelteleskopen stellt. Nach Robinson müßte, wenn das Glas völlig durchsichtig wäre, die Oeffnung eines Refraktors zu einem gleich lichtstarken Reflektor sich verhalten wie 100 zu 142, weil aber im Glase Lichtstrahlen absorbirt werden, so ist das Verhältniß für den Refraktor noch etwas ungünstiger Nach neueren Bestimmungen der Absorbtionsconstante ergibt sich, daß einem Reflektor von 4 Fuß Spiegelburchmesser ein Refraktor entspricht, dessen Objectiv 35,4 Zoll Oeffnung hat. Dieses Verhältniß gilt jedoch nur, wenn das Spiegelmetall wirklich fast ⅔ der auffallenden Strahlen reflektirt. Gewöhnlich ist dieses nur kurze Zeit der Fall, dann muß der Spiegel wieder aufpolirt werden. Nach Winnecke steht, was die Sichtbarkeit kleiner Sterne anbelangt, der Dorpater Refraktor dem Herschel'schen Reflektor von 18 Zoll Oeffnung gleich und das Pulkowaer Fernrohr dem Lassel'chen Spiegelteleskop von 4 Fuß Oeffnung kaum nach. In Betreff der Nebelflecken zeigen die Beobachtungen von d'Arrest in Kopenhagen ähnliche Verhältnisse; sein Refraktor von 11 Zoll Oeffnung übertrifft die Herschel'schen Reflektoren von 18″ Oeffnung und rivalisirt nicht ganz ohne Erfolg mit Lord Rosse's Reflektor von 6 Fuß Oeffnung. Nach Lamont würde ein Refraktor von 21 Zoll Oeffnung dem letztgenannten Spiegelteleskop entsprechen. Anders und nach meiner Meinung zuverlässiger lauten die Angaben von Sigmund Merz und O. Struve. Nach Letzterem ist der Refraktor von Pulkowa dem Reflektor von Parsonstown in optischer Kraft sehr untergeordnet und Merz schrieb mir, daß um diesem zu entsprechen, ein Refraktor mindestens 36 Zoll Oeffnung haben müsse. — Rücksichtlich der Durchsichtigkeit der Glassorten hat man Fortschritte gemacht; setzt man die Intensität des durchfahrenden Lichtes in einem von Dollond vor 1790 gemachten Instrument gleich 55, so ist die eines Fraunhofers im Besitz von Cap. Sabine fast 74, die zweier Objektive von Grubb aus Glas von Chance 84 und 87, über welche Verhältnisse man Robinson's und Winnecke's Angaben in der Vierteljahrsschrift der astronomischen Gesellschaft zu Leipzig Januar 1872 vergleichen kann. Herr Sigmund Merz schrieb mir den 5. Januar 1873: „Ich zweifle nicht, daß meine besseren Gläser noch über die bemerkte Intensität hinausgehen, aber die Constatirung solcher Resultate scheint im Allgemeinen wenig zu nützen. Es gelingt vielleicht heute, fast absolut farbloses Glas darzustellen und morgen erhält man wieder gefärbte Gläser. Schon Murano verstand herrliches Krystallglas zu fabriziren, — will man aber optisch taugliches haben, so muß man sich manchmal mit gefärbten Gläsern behelfen. Welche Schwierigkeiten diese Fabrikation hat, weiß nur der, welcher darin arbeitet. Ich habe voriges Jahr nicht weniger als 17 Schmelzen, je zu 4 Centner Masse gemacht und in Allem vielleicht 4 Centner taugliches Glas erzeugt. Das ist fast entmuthigend!"

Der Würdigung der Leistungen der Fernröhre müssen einige Betrachtungen über den Sternhimmel vorausgehen. Weder die Zahl der mit freiem Auge noch jene der im Fernrohr sichtbaren Sterne ist genau anzugeben, indem Kurzsichtige kaum noch die Sterne der 4ten u. 5ten Größe, Weitsichtige die der 6ten und noch einige der 7ten sehen. Die meisten Menschen erkennen nur 6 Plejadensterne, Weitsichtige 7 und mehr, der Astronom Heis in Münster 12; man kann nach ihm die Zahl der am ganzen Himmel für ein mittleres gutes Auge sichtbaren Sterne auf etwa 5800 setzen. Die ersten Ortsbestimmungen der mit freiem Auge sichtbaren Sterne haben Timocharis und Aristillus, dann Hipparch und Ptolemäus gemacht. Nach fast anderthalb Jahrtausenden folgte das Sternverzeichniß von der durch

Ulug Beigh errichteten Sternwarte und jenes des Tycho de Brahe und von jetzt an erschienen vielerlei Sterncataloge mit mehr oder weniger sicheren Positionen, welche mit der Erfindung der Fernröhren immer reichhaltiger wurden. Der größte bis jetzt vorhandene Himmelsatlas ist der von Argelander in Bonn, ganz allein von ihm 1852—59 ausgeführt und alle Sterne der nördlichen Halbkugel bis 2 Grad der südlichen enthaltend, die mit einem Kometensucher von 34''' Oeffnung sichtbar sind, der bei 10 maliger Vergrößerung die Gegenstände etwa 25 mal heller zeigt, als das freie Auge, genau nach ihren Positionen bestimmt, im Ganzen 324198 Sterne auf einem Areal von 21346 Quadratgraden. Der südliche Himmel ist nach den Zusammenstellungen von Wolf in Zürich reicher als der nördliche, so daß die Zahl der am ganzen Himmel mit einem solchen Kometensucher sichtbaren Sterne nicht viel unter einer Million betragen dürfte. Dabei zeigt sich eine erstaunlich rasche Zunahme der kleineren Sterne, denn während auf die erste bis zweite Klasse des Argelander'schen Atlases nur 10 Sterne kommen, auf die zweite bis dritte 37, die dritte bis vierte 137, gehören zur achten Klasse 58000, zur neunten 237000.

Wird der Sternhimmel statt mit Kometensuchern mit mächtigen Teleskopen durchforscht, so entwickelt sich eine überraschende Großartigkeit. Der Grieche Demokritos und der Römer Manilius hatten schon die Meinung geäußert, daß das Licht der Milchstraße durch unzählige Sterne entstehe, welche das Auge nicht mehr einzeln unterscheiden kann, und der unsterbliche Kepler erklärte sie für einen Sternenring, in dessen Centrum fast unsere Sonne sich befände, Huyghens und Newton hielten die Milchstraße für ganz auflösbar in Sterne und wo dieses nicht gelinge, nur die Kraft der Teleskope für unzureichend. W. Herschel hat seine Meinung über den Bau der Milchstraße oft geändert und seine bewundernswerthen Untersuchungen haben zu keiner befriedigenden Vorstellung geführt, aber den Blick eröffnet in ihre unermeßliche Größe und die ungeheuere Zahl von Sonnen, aus welchen sie besteht. W. Herschel hatte angenommen, daß die Milchstraße nur gegen die Aequatorebene zu unergründlich sei, Struve kam zum Schluß, daß auch in allen anderen Richtungen des Himmels, also auch gegen die Pole der Milchstraße dieselbe Unergründlichkeit bestehe, d. h. daß auch die größten Fernröhren nach keiner Richtung hin die äußersten Sterne zu zeigen vermögen. Auch Secchi hält die Milchstraße nach Seite 807 seines von Schellen übersetzten herrlichen Werkes über die Sonne für unergründlich. Die Gesammtzahl der durch das 20 füßige Teleskop, mit welchem der ältere Herschel seine meisten Beobachtungen gemacht hat, in der nördlichen Halbkugel sichtbaren Sterne berechnet Struve auf etwas über 10 Millionen.

Neuere Untersuchungen haben ergeben, daß der Bau der Milchstraße, welche man sich früher in Linsenform vorstellte und unsere Sonne mit den hellsten Fixsternen nicht weit vom Centrum der Linse, viel weniger einfach und regelmäßig ist, als angenommen wurde. Man neigt sich jetzt mehr zu der Ansicht, daß unsere Sonne mit den nächsten Fixsternen einen besondern fast kugelförmigen Complex bilde, dessen Aequatorebene zwar mit der Ebene der Milchstraße zusammenfällt, ohne daß jedoch dieselbe mit unserem Complex in einer näheren Verbindung steht. „Unser Fixsterncomplex", sagt Klein, Handbuch der allgemeinen Himmelsbeschreibung II, 320, „ist ein ausgedehnter Sternhaufen, der, so viel es scheint, an Größe die meisten übrigen übertrifft. Von diesen aus gesehen, erscheint er als zum System der Milchstraße gehörig, genau so wie jene von unserem Standpunkt aus betrachtet." Die Milchstraße hat eine sehr unregelmäßige Configuration, ihre Breite wechselt sehr rasch, man unterscheidet in

ihr Verzweigungen, weite helle Regionen, von dichten Stern=
schwärmen, kugligen Nebelmassen und weißen Lichtwolken erfüllt,
durchsetzt von dunkeln Flecken und dunkeln gewundenen Bahnen;
die lichten Stellen zeigen wieder außerordentliche Abstufung des
Helligkeitsgrades. Besonders häufig in der Milchstraße sind die
dichtgedrängten Sternhaufen, während die Mehrzahl der Nebel
außer ihr liegt. Würde die Milchstraße als ein geschlossener
Sternenring den Fixsterncomplex, zu welchem unsere Sonne ge=
hört, umschließen, so könnte ihre Gestalt nicht so unregelmäßig
und zerrissen sein, könnte nicht Spaltung und Ausläufer zeigen.
Viel wahrscheinlicher ist deshalb die Annahme, daß die schein=
bare Ringform der Milchstraße nicht physisch, sondern nur op=
tisch ist und dadurch entsteht, daß zahlreiche kleinere und größere,
dichtere und zerstreutere Fixsterncomplexe in unerreichbare Fernen
hinaus perspektivisch hintereinander in einer Ebene gelagert sind,
die wir als Ebene der Milchstraße nehmen, welche letztere eben
darum unregelmäßig sich zeigt, weil jene Complexe nicht ganz
genau in der gleichen Ebene liegen. Auf jedem dieser Complexe
wird sich ein ähnlicher Anblick ergeben, wie ihn die Milchstraße
uns gewährt. Die weit seitlich von ihr entfernten Sternhaufen
sind wohl peripherische Begleiter einzelner Complexe und die
Nebelflecke, gestaltloser Weltenstoff nach der Spektralanalyse,
stehen ihrer größeren Zahl nach innerhalb unseres Fixsterncom=
plexes, eine Minderzahl außer demselben.[7])

 Die Nebelflecke wurden nach den beiden Herschel nament=
lich durch Rosse, Bond, Otto Struve, Lamont, Lassell, Secchi,
d'Arrest, Rümker, Schönfeld untersucht. Die Ansicht Lamonts,
daß alle in Einzelsterne auflösbar seien, ist durch die Spektral=
analyse widerlegt. J. Herschel zählte in seinem Catalog von
1864 in Phil. Transact. Vol. 154 p. 1—137 über 5000 Nebel=
flecke auf. Die sternartigen Lichtpunkte in manchen sind Gas=

verdichtungen, können nach dem Spektroskop keine festen oder tropfbarflüssigen Massen sein, indem sie Lichtstrahlen von bestimmter Brechbarkeit aussenden, was nur glühende Gase thun. Das Spektrum unserer Sonne und der Fixsterne zeigt dunkle Linien auf hellem Grunde, jene glühenden Gase ohne Kerne, hauptsächlich aus Stickstoff und Wasserstoff bestehend, zeigen hingegen helle Linien auf dunklem Grunde. Außer den genannten Stoffen bestehen die amorphen Nebel noch aus einem dritten unbekannten, vielleicht auch noch aus andern glühenden Gasen, deren Licht für die Apparate zu schwach ist. Schreitet die Verdichtung der Lichtpunkte bis zum Flüssigen und Festen fort, so erscheint ein continuirliches Spektrum, wie ein solches die in Sterne auflösbaren Nebel zeigen. Nach Schiaparelli wären die Nebelflecke Sternschnuppenschwärme wie die Kometen; geht ein solcher Schwarm von unserem Sonnensystem wieder in den Weltraum zurück, so soll er abermals als Nebelfleck erscheinen, aber von größerem Umfang als früher. Dabei ist doch schwer denkbar, daß die Sternschnuppenschwärme auch der größten Kometen in Fixsternweiten mit ihrem schwachen Lichte noch sichtbar sein sollten, und wäre die Entfernung der Nebelflecke viel geringer als bis jetzt angenommen wurde, so könnten sie, wenn sie sämmtlich Sternschnuppenschwärme wären, unmöglich ihre Formen lange Zeit so unverändert erhalten und müßten bedeutende Eigenbewegungen zeigen. [8])

Durch eine Menge Schätzungen, Rechnungen und Combinationen, gestützt auf die Parallaxenbestimmungen kam Struve zum Ergebniß, daß die Fixsterne erster Größe im Mittel nicht ganz eine Million mal so weit von uns entfernt sind, als die Sonne von der Erde, (deren Abstand in runder Zahl 20 Millionen Meilen beträgt,) nämlich 986000 Erdbahnradien, während die Entfernung bei den Sternen zweiter Größe schon fast das

Doppelte der Sterne erster Größe beträgt, bei denen der sechsten beinahe das achtfache, bei den entferntesten Sternen, welche das 20füßige Teleskop noch zeigte, das 230fache. Die Sterne der ersten Größe wären also im Mittel nicht ganz 20 Billionen Meilen entfernt statt der vier, die man früher annahm, die der zweiten im Mittel 35 Billionen Meilen, die der sechsten 150, die der fernsten 4500 Billionen Meilen. Das Licht, welches bekanntlich etwa 40000 Meilen in der Sekunde zurückgelegt und in 8 Minuten von der Sonne zu uns gelangt, würde von den Fixsternen erster Größe im Mittel 15,5 Jahre, zweiter 28, vierter 60,7, sechster 120,1, achter 386,3, von den fernsten Sternen 3541 Jahre bedürfen, um uns zu erreichen. Es gibt übrigens einige Sterne, bei denen man eine deutliche Parallaxe erkennen konnte, welche uns näher stehen, am nächsten α Centauri und 61 Cygni in 4¼ und 12 Billionen Meilen Entfernung. [9])

W. Herschel kam durch seine Forschungen zu der Annahme, daß das unbewaffnete Auge 12mal so tief in den Raum eindringt, als die Entfernung der Sterne erster Größe von uns beträgt und daß die Kraft seiner Teleskope um so vielmal größer sei als der Durchmesser ihrer Spiegel den Durchmesser der Pupille des menschlichen Auges übertrifft. Demgemäß würde das 20füßige Teleskop mit seinem Spiegel von 22 Zoll Durchmesser 75mal weiter reichen als das Auge, das 40füßige 191 mal. Diese Angaben sind aber zu groß, weil das Licht im Weltraum außer der Schwächung im Quadrat der Entfernung noch eine andere durch ein unbekanntes Medium, vielleicht nur sehr verdünnte Luft erleidet, welche für die Sterne erster Größe $\frac{1}{187}$ ihres Lichtes, für die der sechsten schon 8 Prozent beträgt, für die der neunten Größe 38 Prozent, für die fernsten Herschel'schen 88 Prozent. Weil Herschel diesen Umstand noch nicht kannte, so sind auch seine Angaben über die Entfernung namentlich der feineren Sternklassen zu groß. Sein siebenfüßiges Teleskop reicht nur in 132 Sternweiten zu 4 Billionen Meilen statt 243, sein 20=füßiges nur in 228 statt 743, sein 40=füßiges Teleskop, welches nach seiner Meinung 2300 Sternweiten in den Raum eindringen sollte, reicht in Wahrheit nur in 369, eine Entfernung, welche nach früherer Rechnung 15500 Billionen Meilen oder 12200 Jahren Lichtzeit gleich ist. Man begreift leicht, daß durch die Absorbtion des Lichtes der Wirkung des Fernrohrs und der mit ihm verbundenen Spectroskope ꝛc. für immer unübersteigliche Schranken gezogen sind, da aus Fernen, welche noch etwas größer sind als die der fernsten Herschel'schen Sterne, kein Licht mehr zu uns gelangt.[10] — Man wollte aus den Veränderungen im Spektrum der Firsterne, namentlich auch aus der Verschie=bung der Fraunhofer'schen Linien auf eine Eigenbewegung, be=ziehungsweise Annäherung zur Erde oder Entfernung von ihr schließen, aber diese Untersuchungen sind für die Eigenbewegung, die sonst für viele sogenannte Firsterne schon erwiesen ist, bis jetzt nicht entscheidend.

Unsere Begriffe von der Beschaffenheit der Sonnen sind sicher sehr unvollkommen, indem auf der Erde Verhältnisse fehlen, welche eine Vorstellung von dem Verhalten der Stoffe bei Temperatur und Druck von solch' unermeßlicher Intensität geben könnten, wie sie auf den Sonnen vorkommen. Was wir auf der Oberfläche unserer Sonne wahrnehmen, deutet auf eben so stürmische als complicirte Vorgänge, man betrachte nur, wenn kein starkes Fernrohr zu Gebot steht, die schönen Photo=graphieen von Secchi, Rutherford u. A. Sonnenflecken, Fackeln, Protuberanzen zeigen schon schwächere Fernröhren, in starken sieht man auf der Sonne unzählige Runzeln und Windungen, un=zählige kleine Körner von verschiedener, meist aber ovaler Form; die engen Räume zwischen denselben bilden ein dunkles Netz.

Die Körner sind ¼ bis ½ Raumsekunde groß und vereinigen sich zuweilen zu weidenblätterförmigen Massen. Secchi hält diese Körner für Spitzen von Lichtkegeln, Lichtwolken, deren Durchmesser an der Basis 240—260 Kilometer betragen. Das oft in wenigen Tagen sehr wechselnde Ansehen der Sonnenoberfläche zeigt deutlich, daß unaufhörliche, allverbreitete, stürmische Bewegungen auf derselben stattfinden, auch in den einzelnen Flecken ist die Bewegung oft so schnell und gewaltig, daß schon während des Zeichnens derselben deren Ansehen sich verändert. Manchmal sieht man in ihrem Innern ein Drehen und Wirbeln und es fahren zahllose spiralgewundene Flammen durcheinander. Bekanntlich weichen die Ansichten über die sogenannten Sonnenflecke sehr ab, Kirchhoff erklärt sie für wolkenartige Gebilde, Secchi hält sie für Vertiefungen der Photosphäre, ausgefüllt mit verhältnißmäßig dunklern Gasen oder lichtabsorbirenden Metalldämpfen, namentlich von Eisen und Calcium, Zöllner bezeichnet sie als Schlacken, die unter der Chromosphäre in einer glühend flüssigen Schicht von wohl 800 geographischen Meilen Höhe schwimmen, welche den weißen Licht aussendenden Sonnenkörper umgibt. Diese Ansicht erklärt zwar viele optische Erscheinungen gut, aber bei der ungeheuern, 50000 und mehr Grade des hunderttheiligen Thermometers betragenden Temperatur ist auch nur vorübergehende Schlackenbildung doch schwer denkbar. Die sogenannte Corona, welche wie das elektrische Licht keine Fraunhofer'schen Linien enthält, erklärt Marco für eine constante aurora borealis, fortwährende elektrische Entladung, ebenso Faye der geneigt ist, auch die Schwere durch elektrische Entladung zu erklären. Secchi und Respighi leiten die Protuberanzen, jene unermeßlichen sich tausende von Meilen über die Sonne erhebenden Feuerwolken von Elektrizität ab. Auch nach den neuesten Beobachtungen muß die mittlere Dichtigkeit der Sonne die des Wassers übertreffen. Ist der Sonnenkörper nach Faye, Janssen, Frankland u. A. doch gasig, so müssen seine Gase ungeheuer comprimirt sein. Regnault hat indeß durch Versuche bewiesen, daß gesättigte Dämpfe bei hohem Druck fast so dicht sein können, als die entsprechende Flüssigkeit und doch noch bei der diesem Zustand zukommenden unermeßlichen Hitze gasförmige Körper bleiben können. [11])

Bei astronomischen Beobachtungen hängt ungemein viel von äußern Umständen, hauptsächlich von der Durchsichtigkeit und Ruhe der Luft ab und wenn diese sehr befriedigend sind, kann man manchmal mit ganz mäßigen Instrumenten Gegenstände erblicken, die unter ungünstigen Umständen selbst in größeren Fernröhren unkenntlich bleiben, wie ich z. B. mehrmal mit einem vorzüglichen Plößl'schen Dialyten von nur 37 Linien Oeffnung die kleinen Kraterreihen zwischen Eratosthenes und Kopernikus des Mondes sehr deutlich, einmal die parallelen Hügelketten beim Ringgebirg Aristoteles in der nördlichen Halbkugel viel schöner gesehen habe, als sie auf Mädler's und Beer's großer Mondkarte dargestellt sind. [12]) Zur richtigen Erkenntniß kosmischer Phänomene ist ferner die beständige Vereinigung der sinnlichen Beobachtung mit richtiger Beurtheilung und Vergleichung der früheren Erfahrungen unerläßlich. Man hat schon im vorigen Jahrhundert und in der ersten Hälfte des gegenwärtigen die Planeten mit den mächtigsten Instrumenten betrachtet und doch in den letzten Jahren manche bessere Einsicht in ihre Beschaffenheit durch scharfsinnige Combination aller, auch der alten Beobachtungen in Verbindung mit der Rechnung und mit Berücksichtigung der Fortschritte in Physik und Chemie gewonnen. Manchmal birgt ein kleiner für unbedeutend gehaltener Umstand eine Erkenntniß von unbekannter Tragweite in sich, die durch Combination mit anderen eine vollkommenere Einsicht möglich macht. Daß z. B. die Merkursfichel an der Grenzlinie der Erleuchtung ein etwas matteres Licht zeigt, als in den übrigen Theilen, daß ferner ihre Breite geringer ist, als die Rechnung ausweist, läßt mit größter Sicherheit auf eine Atmosphäre des Merkur schließen. Wenn die Südhalbkugel des Mars Sommer hat, so verkleinert sich die Eiscalotte, welche im zweijährigen Winter zu enormer Ausdehnung angewachsen war, ungemein schnell und die Südhalbkugel wird bis auf 3 Grade vom Pol eisfrei. Aus den optischen Erscheinungen, aus der Schwerkraft auf dem Mars, aus seinen Beleuchtungs- und Erwärmungsverhältnissen geht hervor, daß nebst der Erde auf ihm allein unter allen Planeten Wasser und Wolken von der Beschaffenheit der unserigen vorhanden sind. Weil die Eiscalotte seiner Südhalbkugel bedeutend ausgedehnter ist, weiter gegen den Aequator heraufreicht, als die der Nordhalbkugel und bei ihrer Schmelzung eine sehr große Wärmemenge bindet, so muß die Südhalbkugel des Mars ein feuchteres und kühleres Klima haben, als die Nordhalbkugel. Manchmal sieht man Theile von seiner Oberfläche, welche gelbrothe Färbung haben und die auffallend undeutlich und verwaschen werden, wenn sie durch die Axendrehung gegen den Rand rücken, was auf eine bedeutend dichte Atmosphäre schließen läßt, durch welche die rothe Oberfläche des Planeten durchscheint. Nach der Spektralanalyse scheint diese Atmosphäre der unsrigen sehr ähnlich zu sein.

Die großen sonnenfernen Planeten hat man bis in die letzten Dezennien für feste Körper mit gewaltigen Atmosphären angesehen, jetzt hält man sie eher für flüssige und dunstförmige Körper und wenigstens Jupiter und Saturn für noch nicht ganz erkaltet. Bei seiner geringen Dichtigkeit kann Jupiter kaum etwas von festen erdigen und metallischen Substanzen enthalten, sondern muß aus einer flüssigen Masse bestehen, worauf auch seine

Parallelstreifen deuten, die auf einer flüssigen rotirenden Kugel entstehen müssen und sich wegen der schnellen Axendrehung Jupiters parallel zu seinem Aequator stellen. Die Helligkeit der Aequatorialzone rührt von der dort reichlicher stattfindenden Bildung von Wolken her, welche das Licht stärker reflektiren, die Dunkelheit der Streifen von der relativ geringeren Menge der Wolken. Noch dunklere Stellen hält man für Theile der Oberfläche Jupiters, die man durch Risse in der meist heftig bewegten Atmosphäre erblickt. Die bedeutendere Weiße der vier oberen sonnenfernsten Planeten, eine Folge starker Lichtreflexion wollte man schon früher und jetzt wieder (Zöllner, Browning) aus einem schwachen Selbstleuchten dieser noch nicht ganz erkalteten Himmelskörper erklären, weßhalb auch Neptun als ein Stern achter Größe erscheint, während er als ein solcher von 11ter bis 12ter sich zeigen müßte, wenn seine lichtreflectirende Kraft nicht größer als die der Erde wäre.

Zu den Fragen, die nach höchster Wahrscheinlichkeit mit Ja beantwortet werden dürfen, obschon für dieses Ja nicht der geringste objektive Beweis geliefert werden kann, gehört jene nach der Bewohntheit der Himmelskörper durch lebende und vornehmlich durch vernünftige Wesen. Bei aller Verschiedenheit haben die Weltkörper doch gewisse Fundamentalbestimmungen miteinander gemein, stehen unter denselben mechanischen, physikalischen und chemischen Gesetzen, bestehen annäherungsweise aus denselben chemischen Elementen, wenn auch in anderen Proportionen und Verbindungen, wie die Spektralanalyse und die chemische Untersuchung der Meteoriten lehrt. Zweckbegriffe dürfen allerdings nicht als ausschließlich maßgebend angesehen werden; die Weltkörper können auch ohne organische und vernünftige Wesen, aber diese nicht ohne sie bestehen. Auf den Feuerwelten, den Sonnen ist an solche wohl keinesfalls zu denken, auf den Planeten unseres Systems außer der Erde, der Venus, dem Merkur nur noch an Mars, dessen Verhältnisse noch am ehesten eine Vergleichung mit den unserigen zulassen, während Venus und Merkur schon viel mehr abweichen. Die zahlreichen kleinen Planetoiden zwischen Mars und Jupiter sind eben wegen ihrer Kleinheit schon früh erkaltet und die vier großen, sonnenfernen sind wahrscheinlich noch nicht so weit erkaltet, um eine Organisation entwickelt zu haben.[13] Der Erdenmond ist jetzt eine Schlackenkugel ohne merkliche Atmosphäre, deren Meer verdunstet ist, und der einzige Körper im unermeßlichen Weltganzen, der unzweifelhaft Niveau- und Gestaltungsverhältnisse seiner Oberfläche erkennen läßt. Auf ihn waren daher schon öfter die Gedanken der Menschen gerichtet, um wenn möglich einen Aufschluß über jene Frage zu erlangen. Da kam in den zwanziger Jahren dieses Jahrhunderts eine Kunde zunächst in die wissenschaftlichen Kreise, daß es Prof. Gruithuisen in München gelungen sei, Spuren von Bewohnern des Mondes zu entdecken. Fast in der Mitte der uns zugekehrten Seite, nahe am Aequator, doch bereits in der südlichen Halbkugel befindet sich eine Gegend, nach dem Selenographen Schröter benannt, in welcher Gruithuisen ein Gebilde beobachtete, welches er für eine große Stadt mit nahe parallelen Straßen und einer Citadelle an einem Ende erklärte und damit einige Jahre hindurch Glauben an die Möglichkeit dieser angeblichen Entdeckung fand, bis Mädler mit viel stärkeren Instrumenten erkannte, daß sechs Hügelketten mit kleinen Thälern dazwischen und einem Krater an einem Ende Gruithuisen zu dieser irrigen Deutung veranlaßt hatten. Ich sehe ihn noch vor mir den sonderbaren, riesig langen Mann, wenn er mit seiner ganz kleinen Frau oft unter den Fenstern meiner Wohnung in München vorüber spazierte, bewaffnet mit grünen Brillen, welche vorne gewaltige runde Gläser, an den Seiten, etwas an die Scheuleder der Pferde erinnernd, viereckige hatten. —

Die Bildung der großen Ringgebirge des Mondes ist seit langem abgeschlossen, Veränderungen sind höchstens noch denkbar bei den neueren kleineren. Aber selbst die in neuester Zeit für den Krater Linné behaupteten scheinen nicht zu existiren, indem Mädler 1867 denselben ganz sosah, wie 37 Jahre früher, so daß in der That der Mond keine Veränderungen bedeutender Art zu erfahren scheint.

Im Mikroskop liefert die Technik ein Werkzeug, das den Augen der Milben und anderer kleiner Thiere vergleichbar ist, in den Fernröhren erzeugt sie gleichsam Riesenaugen; bei der gegenwärtigen Einrichtung beider ist nur noch ein beschränkter Fortschritt möglich. Die stärksten Objective der Mikroskope haben eine so kurze Focaldistanz, daß sie auf dem Gegenstand fast aufstehen und noch größere brauchbare Fernröhren zu machen, übersteigt fast die menschliche Kraft. Bei den Mikroskopen wachsen die Schwierigkeiten mit der Kleinheit, bei den Refraktoren mit der Größe der Objektive. Die so kleinen Objective lassen nur dünne Strahlenbündel durchgehen und lichtverstärkende Apparate, Condensoren helfen dem Lichtmangel nur ungenügend ab. Ein sehr bedeutender Fortschritt wäre nur möglich durch Entdeckung stärker brechender Medien, oder durch eine neue ungeahnte Construktion. Bei dem jetzigen Stand der Dinge ist einige Verbesserung noch zu erwarten durch größere Zweckmäßigkeit des Materials, also der Mischung des Glases und Spiegelmetalles, dann durch richtigere Gestalt der Linsen und Spiegel und vollkommenere Politur derselben. „Das ganze Geheimniß guter Optik ist ganz richtige Gestalt," schrieb mir einst Hr. v. Steinheil. Sehr schwierig ist auch ganz vollkommene Politur, durch welche zugleich immer die Gestalt verändert wird. Die mikroskopische und teleskopische Photographie lassen noch viel zu wünschen übrig; sollte es aber gelingen, Substanzen von noch größerer Lichtempfindlichkeit als die bisherigen zu entdecken, die übrigens schon sehr kurze Zeit der Exposition noch mehr abzukürzen und doch vollkommene Bilder zu erhalten, so würden diese wohl eine Vergrößerung gestatten, die manches Detail enthüllte. Wenn uns die Mikroskope und Fernröhren äquivalent ihrer Vervollkommnung immer kleinere und fernere Gegenstände gezeigt haben, wenn ferner die feinsten Objekte am Himmel und auf Erden nur unter den günstigsten Umständen, oder nur mühsam sichtbar sind, so folgt höchst wahrscheinlich daraus, daß die Instrumente auf einer nächst höheren Stufe der Verbesserung wieder kleinere und fernere Gegenstände würden erkennen lassen. Jene kleinsten Mikrokokken, jene verschwindend feinen Nervenfasern, jene nur momentan aufblitzenden Sternchen würden bei einer bedeutenden Verbesserung der optischen Werkzeuge mühelos und deutlich sichtbar sein, aber neben ihnen würden wohl andere auftauchen, die wieder nur schwierig wahrnehmbar wären. Dabei spreche ich noch gar nicht von einer Erkenntniß der Molekularstruktur der Körper oder von dem Sehen der muthmaßlichen Planeten und Nebenplaneten der fernsten Sonnen, da wir wohl nie im Stande sein werden, dieselben auch nur bei den allernächsten Firsternen sehen zu können. Der Mangel an Einsicht in die mechanische Construction der Materie hat zur Folge, daß es namentlich der Chemie an einer sichern Grundlage fehlt.

Es sind überhaupt sowohl der sinnlichen Anschauung, als der Intelligenz des Menschen Schranken gesetzt. Wir wissen nicht, aus welcher Gegend des Weltraums die rotirende Nebelmasse gekommen ist, aus der das System unserer Sonne sich gebildet hat, wir wissen auch nicht zuverläßig, wohin dieses System sich bewegt, und welches die Gestalt seiner Bahn ist, wir wissen nicht, woher wir kommen und wohin wir gehen. Geheftet wie Stäubchen an unsere kleine Erde, dieses atome de boue, wie sie Voltaire gar zu bespektirlich nannte, werden wir mit kosmischer Schnelligkeit in unbekannte Regionen fortgeführt und man fragt uns, die sich gleichsam in einem Gefängniß ohne Mauern befinden, nicht um unsere Einwilligung. Es ist nur vergönnt, auf unserem Wohnplatz, so gut es geht, uns einzurichten und weil uns ein göttlicher Geistesfunken verliehen ist, einiges Wenige von der Welt zu erkennen. Offenbar hat jedoch die richtigere kosmische Anschauung der Neuzeit unser Geistesleben erweitert und an der Größe des Universums, die sich über alle Vorstellung erhaben erwiesen hat, wie es noch vor einem Jahrhundert der kühnste Menschengeist nicht ahnen konnte, ist unser Geist emporgewachsen. Unsere Sonne ist nur eine der vielen Millionen Sonnen des Weltalls und wie mächtig stellt sie sich der Erde gegenüber dar! Klein, ein verdienter astronomischer Schriftsteller der Gegenwart hat gesagt, unsere Erde in eine dieser riesigen Flammensäulen der Sonne geworfen, die man Protuberanzen nennt, welche unaufhörlich mit unbeschreiblicher Gewalt 10000, 20000, 35.000 Meilen hoch aus dem weißglühenden Sonnenkörper emporgeschleudert werden, würde sich zu ihr verhalten, wie ein kleines Stückchen Kohle zu einem Schmiedefeuer. Und dieses ist buchstäblich wahr. Die Erde mit ihrem Massiv, ihren meilenhohen Gebirgen und meilentiefen Oceanen würde in einer dieser Flammensäulen, die nach den Rechnungen eine Temperatur von 40000—80000 Grad C. haben, in kürzester Zeit in glühenden Dampf verwandelt, vielleicht noch einmal wie der Ball des Knaben emporgeschleudert werden, um nach einem kurzen Aufflammen spurlos im Feuerocean der Sonne zu verschwinden. Die Protuberanzen ändern schon während der kurzen Zeit einer Beobachtung ihre Gestalt, was bei einer Schnelligkeit des Aufsteigens von 50—60 Kilometer in der Sekunde begreiflich wird, ebenso die Farbe ihres Lichtes, die vom weißen zum gelben, rosenrothen, feuerrothen, purpurnen wechselt. Eine weit ausgedehnte Atmosphäre von glühendem Wasserstoffgas umhüllt nach Janssen, Lockyer, Respighi noch die Photosphäre der Sonne. Stürmische Strömungen vom Aequator gegen die Pole sich richtend, krümmen die Spitzen der Protuberanzen nord- oder südwärts. Die Sonnenflecken, nach Secchi Massen durch Contrastwirkung dunkel erscheinender Dämpfe, nach Zöllner Schlacken, die auf der weißglühenden Sonnenoberfläche schwimmen, an Größe oft den Continent von Neuholland, von Asien, ja den Flächeninhalt der ganzen Erde übertreffend, werden trotzdem immer wieder im Feuermeer aufgelöst; Spörer sieht auch, im Wesen mit Zöllner übereinstimmend, in diesen Flecken feste Verbrennungsprodukte. Nach Pouillet empfängt die Erde nur $\frac{1}{2300000000}$ der Wärme, welche die Sonne unaufhörlich aussendet und dieser Minimaltheil reicht schon hin, den Ocean flüssig zu erhalten, die Verdunstung und den Kreislauf des Wassers, sowie alles Leben auf der Erde möglich zu machen. So mächtig ist die Sonne! Unter den unzählbaren Sonnen des Weltraums mögen viele sein, welche die unsrige an Größe weit übertreffen, während andere ihr darin nachstehen. Tritt uns im Sphärenuniversum eine extensive Unendlichkeit entgegen, so finden wir eine andere auch im kleinsten Raume. Könnten wir ein Blutkörperchen, eine Wimperzelle, Nervenzelle, ein menschliches Eichen in lichtstarker millionenfacher Durchmesser-Vergrößerung sehen, so würden uns diese Körper als Complexe einer Anzahl von Molekulgruppen der verschiedensten Anordnung erscheinen mit Hohlräumen, die von Gasen und tropfbaren Flüssigkeiten erfüllt sind, und sie würden sich darstellen als Triebwerke physikalischer, chemischer, organischer Kräfte, durch welche ihre kleinsten Theilchen fortwährend bewegt, umgestaltet, vernichtet, neugebildet werden, als Laboratorien der Einsaugung und Ausscheidung, des Wachsthumes und der Zerstörung, jeder als eine kleine, in steter Umwandlung begriffene Welt.

Entgegen der Ansicht von Thomson u. A., welche eine endliche definitive Erkaltung und Erstarrung des Universums behaupten, wendet man sich neuestens lieber der Annahme einer fortwährenden Metamorphose zu, wonach in den erstarrten, aller lebendigen Kraft beraubten Himmelskörpern, wenn sie bei ihrer unaufheblichen Bewegung durch den Raum mit glühenden Nebelmassen in Berührung kommen, ein Anstoß zu neuem Leben, zu neuen Bildungen gegeben ist, etwa so, wie auf unserer Erde die Organisation sich immer umgewandelt hat, alte Formen ausgestorben und neue entstanden sind. Denn die vorhandene Materie ist unzerstörbar und die lebendige Kraft hat sich in Wärme des Weltraumes umgesetzt.[14] Wer denkt hiebei nicht an die Lehre des griechischen Philosophen Heraklit vor 2400 Jahren, welcher das Feuer zum Grundwesen, zum Princip aller Thätigkeit und alles Lebens machte, der zugleich der Schule der Eleaten gegenüber, die ein ewiges unveränderliches Sein behaupteten und das Werden und die Entwicklung nur für einen Schein hielten, ein unwandelbares Sein leugnete und eine unaufhörliche Bewegung aller Dinge der Welt lehrte? Bewegung des Weltenstoffes ist der erste Vorgang, sie erzeugt Reibung, Verdichtung und Temperaturerhöhung. Die Nebelmassen, aus welchen die Sonnensysteme entstehen, haben nur geringe Temperatur und Dichtigkeit, aber mit der wachsenden Verdichtung steigert sich die Hitze und wird zuletzt zur flammenden Gluth. Der begonnene Kampf zwischen der ersten Grundkraft, der Gravitation, welche die Massen zu immer concentrirterer Dichtigkeit zwingt, und der als Reaktion sich entwickelnden zweiten Grundkraft, der Wärme, welche sie auseinander treibt, erreicht im Innern der Sonnenkörper eine unbeschreiblich furchtbare Energie. Die Nebelmasse gliedert sich in concentrische Ringe, die sich zu Kugeln ballen und wenn diese allmälig erkalten, beginnt eine neue Reihe von Entwicklungsprocessen, die zur Darstellung einer Welt von organischen, beziehungsweise vernünftigen Wesen führen kann und ohne Zweifel auch zu solchen des verschiedensten Ranges geführt hat. Bei unserer Erde, einem durch mehrere Umstände begünstigten Glied des Planetensystems ist es zur Darstellung einer reichen organischen Schöpfung gekommen und wir, an der Spitze derselben stehend, haben bis zu einem gewissen Grade ein Verständniß der Welteinrichtung erlangt, welches die Zukunft noch erweitern und erhöhen wird, immer jedoch nur innerhalb der Schranken der menschlichen Geisteskraft. Ueberblickt man unsere Errungenschaften in dieser Beziehung, so wird man wohl das Bekenntniß nicht vermeiden können, daß wir von der Welt des Kleinen nicht eben übermäßig viel, von der makrokosmischen Welt nur äußerst wenig wissen.

Anmerkungen und Zusätze.

1) Aus dem Verhalten der Körper im polarisirten Licht schließt man auf ihre molekulare Beschaffenheit. Daß gewiße Körper, wie die Zellmembran, Stärkemehl-Körner, Inulin, Kryftalle ꝛc. zwei optische Axen haben und daher doppelt brechen, beruht auf den eigenen Spannungen jedes ihrer Moleküle. Um die verschiedenen Elastizitätsaxen des sie umgebenden Aethers, deren Winkel und positiven oder negativen Character zu bestimmen, betrachtet man die Farbenerscheinungen und erschließt von diesen aus die Lage der Elastizitätsaxen.

2) Pohl wollte die Gruppen der Robert'schen Platten, wo die Zwischenräume der Striche nur $\frac{1}{500}$ Linie groß sind, mit nur 215mal. Vergrößerung eines Plößl'schen Objektivs aufgelöst haben, — sicher eine Täuschung, indem er mehrere Striche und Zwischenräume für einen einzigen nahm. Hartnack schrieb mir einmal, er lege wegen der nicht zu vermeidenden Verschiedenheit der Theilung keinen so großen Werth auf jene Platten; bei feinen Diatomaceen: Grammatophora subtilissima, Surirella Gemma etc. sehe man entweder die Streifung oder man sehe sie nicht; bei den Robert'schen P. sehe man mit guten Objectiven jederzeit Streifung, aber könne sich schwer darüber Rechenschaft ablegen, ob man einzelne Striche oder Paare derselben sehe.

3) In einem Briefe von 1867 behauptet Hartnack, er sehe mit einem System neuer Construktion, welches die doppelte Stärke von System 10 hat, unter Anwendung eines starken Okulars bei 4000 m. V. die Feldchen von Pleurosigma angulatum immer 6eckig, während die Engländer wegen der mangelhaften Schärfe ihrer Objective sie für rund ausgeben.

4) Die Bakterien sollen Pflanzen sein, sollen sich an die Phykochromaceen anschließen, obschon sie kein Phykochrom haben und keine Kohlensäure assimiliren. Wie Spirillum volutans, so haben wahrscheinlich auch die kleineren Spirillen (Geißelfäden, welche keine Oscillarie hat, so daß Cohn selbst bemerkt, dieses mache die Stellung der Bakterien wieder zweifelhaft. Euglena soll zu den Pflanzen gehören, weil sie keinen Mund hat, die meisten anderen Flagellaten, z. Th. Euglena ganz nah verwandt, zum Thierreich, weil sie einen Mund haben. Da muß man dann wohl die mundlosen Opalinen und Acineten zu den Pflanzen stellen. Betrachtet man, wie ich eben jetzt, die Massen wimmelnder Bakterien und die Tausende unter ihnen herumschwimmender Euglenen, so sträubt sich das

natürliche Gefühl, in ihnen Pflanzen sehen zu wollen. Wann wird endlich die Ansicht durchbringen, daß die vulgäre Unterscheidung von Pflanzen und Thieren auf den untersten Lebensstufen nicht festzuhalten ist! Will man aber die Vibrioniden überhaupt doch für Pflanzen erklären, so würden sie immer noch eher den niedersten Pilzen als den Phykochromaceen anzureihen sein. — Die neuesten Untersuchungen über die Krankheiten erzeugenden Bakterien sind von Eberth (Zur Kenntniß der bakteritischen Mykosen, Leipzig 1872) und Klebs (Archiv f. experiment. Pathologie und Pharmakologie, Bd. 1. H. 1. Leipzig 1873).

5) Der Stern η im Schiff Argo des Südhimmels ist von einem dichten Nebel umgeben und seit dem 17. Jahrhundert als veränderlicher bekannt, dessen Wechsel aber nicht regelmäßig periodisch, sondern ganz unbestimmt erfolgen. Er zeigte sich im 17. und 18. Jahrhundert von 2. bis 4. Größe, in der ersten Hälfte des 19. von 2. bis 1. Größe, manchmal a Centauri und dem Sirius gleich, von 1858 an wurde er immer kleiner und sank 1865, bis zur 6. Größe herunter, sein Licht wurde dunkel röthlichgelb und er ist wahrscheinlich eine im Erlöschen begriffene Sonne, wie der bekannte Stern in der Cassiopeja und der in der Krone.

6) Im Jahre 1863 meldete mir S. Merz, daß er jetzt beim Uhrwerk großer Refraktoren ein conisches, statt des centrifugalen Pendels anwende und daß er versuche auch größere Objektive zu schleifen, deren Brennweite nur 12mal so groß sein soll, als ihre Oeffnung, während bei Fraunhofer das Verhältniß immer wie 18 zu 1 war. Es sei dieses viel schwieriger, schon im Calcul und noch mehr in der Praxis, wegen der Elimination aller Gestaltfehler. — Das 18zöllige Objektiv, welches ich schon 1867 bei Herrn Merz in München sah, ist noch immer nicht vollendet, sollte aber 1873 wieder in Arbeit genommen werden. — K. A. Steinheil schrieb mir einst: „Das Schleifen genauer sphärischer Gestalten hat im Allgemeinen keine Schwierigkeit, weil man mit sehr geringem Drucke schleifen kann. Um so größer ist die Schwierigkeit des Polirens, weil man dabei ziemlich starken Druck anwenden muß und weil bei allen Arten von Bewegungen die Ränder mehr verlieren als die Mitte. Nur wegen des Polirens kann in Frankreich kein gutes Glas, respektive keine richtige Fläche hergestellt werden. Man hilft sich daselbst damit, daß so wenig als möglich polirt wird, um die Gestalt vom Schleifen her zu erhalten. Fraunhofer war der erste, der durch das Poliren erst ganz genaue Formen herstellte. Man lachte mir in Paris in's Gesicht, als ich sagte, daß meine Gläser erst durch das Poliren genau werden, denn man hielt das für rein unmöglich. Es wird auch nur möglich durch ein leicht anzuwendendes Prüfungsmittel, was uns während der Arbeit sagt, wo noch zu viel steht. Hier kömmt es aber auf Hunderttausendel von einer Linie an, die kein Fühlhebel u. s. w. mehr gibt. Fraunhofer prüfte höchst sinnreich durch die Newton'schen Farbenringe, die entstehen, wenn zwei Gläser sehr nahe gleichen Halbmesser haben und in der

Mitte aufliegen. Durch Anwendung dieses Probeglases erreichte er aber zugleich auch, daß alle Objektive aus denselben Glasschmelzen **vollkommen gleich werden.**" — v. Steinheil meinte immer, es werde doch noch gelingen, das sekundäre Spektrum ganz zu beseitigen, „was uns allein zwingt, den Objektiven so beschränkte Oeffnung zu geben. Sekundäres Spektrum nennt man den **nicht proportionalen Theil** der Zerstreuung der verwendeten Crown- und Flintglasarten. Ich habe jetzt alle käuflichen Sorten von optischem Glase mir verschafft und sie alle auf's strengste **optisch analyſirt.** Bei allen ist im Flintglas das Blau vorherrschend, im Crownglas das Roth. Liebig analyſirt mir nun **chemisch** zwölf der wichtigsten Sorten die mehr oder weniger vorherrschen und ich werde dann die Glasſäße durch Rechnung finden können, die **proportionale Spektra geben.**"

7) Professor **Heis** (Wochenschrift f. Aſtron. 1872 Nr. 28) fand die Milchstraße nirgends scharf begrenzt, sondern sie verliert sich überall unmerklich in den Himmelsraum. Sie hat nach ihm eine größere als die bis jetzt angenommene Erſtreckung, ist auch viel breiter. John Herschel gibt ihre breiteste Stelle zwischen Sagittarius und Antinous zu 22 Grad an, Heis findet den bei uns sichtbaren Theil im Mittel 35°, an einigen Stellen sogar 40° breit. Die Mittellinie der Milchstraße gehört nach H. einem größtem Kreise der Himmelskugel an, nicht wie man seit Kepler glaubte, einem kleineren, wodurch erwiesen wird, daß sie **unbegrenzt ist.** Ihre nördliche Hälfte liegt zwischen 280° und 100° gerader Aufſteigung, ihr nördlicher Pol für 1855 in 190° gerader Aufſteigung und + 27° Deklination. — Diese werthvollen Erkenntnisse verdankt Heis z. Th. auch seinen ungemein scharfen Augen, und sie sind in seinem vor Kurzem erschienenen schönen Himmelsatlas dargestellt.

8) Die prächtige Zeichnung des **Nebels im Orion** von J. **Herschel** findet sich in s. Results of astronomical observat. made at the Cap of good Hope. London 1847. Die von **Bond** in Cambridge in Mem. Americ. of the arts and sciences. Zeichnungen von Lord **Rosse's** Aſſiſtenten in Phil. Transact. of the Royal Soc. Vol. 158 P. 1, 1868. Auch Otto Struve und Secchi lieferten solche. Etwaige Veränderungen seit W. Herschel sind nicht sicher, auch spricht er nichts von einer Auflösung in einzelne Sterne, trotz der Ueberlegenheit seiner Spiegelteleſkope. Die Auflösung erfolgte auch nicht durch Roſſe's Reflektor, es wird nur behauptet, daß manchmal in der regio Huygheniana schwach leuchtende Einzelpunkte erscheinen. Dann vernahm man wieder, daß durch dieses Instrument, sowie durch die Refraktoren in Bogenhausen bei München und in Cambridge der Orionsnebel in unzählige Lichtpunkte zerfalle, nicht Sterne, sondern Zusammenhäufungen in der glühenden Gasmasse, aus welcher nach der Spektralanalyse dieser Nebel besteht. Um einige Sterne im Orionsnebel scheint die Nebelmaterie absorbirt, um andere verdichtet, — aber man weiß überhaupt nicht sicher, ob diese Sterne wirklich physisch, oder nur optisch mit dem Nebel verbunden

sind. (Auch zwischen den Sternen des bekannten Trapezes, soll sich Nebel befinden; die vier älteren Sterne desselben sah ich schon oft deutlich mit einem Merz von nur 2 Zoll Oeffnung, die feinen drei neuern erfordern bedeutende Instrumente.) — Auf dem Observatorium in Washington schätzte man die Dicke des November-Sternschnuppenschwarmes auf 12,000 geogr. Meilen, die Breite auf 120,000, die Gesammtzahl der Sternschnuppen auf 100 Milliarden, deren Masse nach Newcomb doch nur so viel betrage, als eine eiserne Kugel von 400 Fuß Durchmesser. Die Ströme können sich durchschneiden ohne sich zu stören, werden aber von den Planeten vielfach gestört.

9) Bei a Centauri, dem nächsten Fixstern, zugleich dem schönsten der südlichen Halbkugel ist die Parallaxe am größten, nämlich $\frac{1}{3}$ Sekunde, beim „fliegenden Stern im Schwan" 61 Cygni $\frac{1}{3}$", bei andern $\frac{1}{6}$, $\frac{1}{8}$, $\frac{1}{10}$" bei den allermeisten gar nicht wahrnehmbar, so daß die 40 Millionen Meilen Distanz, in welchen die Sterne in einem Punkt der Erdbahn und 6 Monate später in dem gerade entgegengesetzten beobachtet werden, gar keine Verschiedenheit in ihrer Stellung erkennen lassen, der parallaktische Winkel unmerklich klein ist, indem die 40 Millionen Meilen gegen die außerordentliche Entfernung der Sterne eine verschwindende Größe sind.

10) In letzter Zeit wollen Manche keinen Aether mehr annehmen, sondern lassen den Weltraum mit Gasen erfüllt sein, die sich an den Weltkörpern, also auch an der Erde zu Atmosphären verdichten und zwar in Folge der Schwerkraft. Die Gase dieser Atmosphären gehen unmerklich in die des Weltraumes über und sie, nicht der Aether seien es, welche z. B. dem Encke'schen Kometen und andern Widerstand leisten.

11) Wegen der außerordentlich großen Wärmeentwicklung der Sonnen läßt sich dieselbe ungeachtet der enormen Entfernungen durch feine Instrumente auf der Erde messen. Huggins ließ das durch einen achtzölligen Refraktor concentrirte Licht eines Fixsternes auf eine thermoelektrische Säule wirken und sah, daß der Strom, welcher durch Licht und Wärme in der Säule entstand, die Nadel des mit dieser verbundenen Galvanometers ablenkte, bei Arktur um $3\frac{1}{2}°$, Regulus 3°, Sirius 2°, Pollux $1\frac{1}{2}°$. Nach Stone ist die Wärmestrahlung von Arktur der gleich, welche ein mit siedendem Wasser gefüllter Würfel von 3 Zoll Seite in 400 Yards Entfernung hervorbringt, von Wega in 600 Y. Entfernung, also nur $\frac{1}{4}$ von der des Arktur. Die Wärme steht in keinem direkten Verhältniß zu der Helligkeit der Sterne. Der so viele millionenmal nähere Mond äußert nur zuweilen Wärmewirkung.

12) Die Undeutlichkeit der Ränder der Gegenstände bei Luftwellen nimmt nicht nur der Vergrößerung proportional zu, sondern auch noch im Verhältniß der Area des Objektivs. Darum prüfte v. Steinheil seine Fernröhren am liebsten in der ruhigen Luft eines geschlossenen Corridors auf eine durch eine Pumplampe beleuchtete feine Druckschrift oder auch

auf die Staubtheilchen und kleinen beleuchteten Bläschen im Lampenglas, die sich auf den Docht projiziren, „wo man die feinsten Pünktchen, Doppelsterne nachahmend ꝛc. hat." Plößl prüfte auf Doppelsterne, namentlich auf ε Bootis, und bei Tage auf eine Skala von zahlreichen, stufenweise immer enger werdenden schwarzen Strichen auf weißem Grunde. Als ich ihn in Wien besuchte, hatte er diese Skala auf einem etwa 2 Stunden von Wien entfernten Gebäude aufgestellt; je größer die Leistung des Instrumentes, desto zahlreichere und enger stehende Striche ließ es unterscheiden.

13) Die kleinsten Asteroiden oder Planetoiden, von welchen man jedes Jahr neue entdeckt, bis Ende 1872 im Ganzen 125, haben nur einen Durchmesser von einigen Meilen (Atalanta 4—5), zu wenig, um ihn genau messen zu können und es gibt wohl von ihnen abwärts noch kleinere kosmische Körper, so daß von den Planetoiden ein Uebergang zu den Meteorkugeln und Sternschnuppen stattfindet.

14) J. R. Mayer (Vortrag bei der naturf. Versammlung in Innsbruck 1869) glaubt nicht an eine „Entropie", einen Stillstand der makrokosmischen Maschine, wie einen solchen Clausius annimmt. Die Regel vom relativen Werth der verschiedenen Kraftformen gilt nach M. nur für die irdischen Verhältnisse, nicht für den Makrokosmus. Eine Entropie würde eintreten, wenn alle ponderable Substanz der Welt in eine Masse vereinigt wäre und die ganze Summe der existirenden lebenden Kraft in Form von Wärme in dieser gleichförmig vertheilt. Eine solche Massenvereinigung hält M. in Ewigkeit für unmöglich. Wenn Fixsterne zusammenstürzen, so entsteht ein solcher Effekt, daß aller Massenzusammenhang aufgehoben wird und die Moleküle in den unendlichen Raum hinausfliegen; von solchen Zusammenstürzen stammen vielleicht die Meteore mit hyperbolischer Bahn und dadurch wird wieder Ernährungsmaterial für die brennenden Weltkörper geliefert.